AF389844

LE VAINQVEVR DE LA MORT,

OV

IESVS MOVRANT

POEME

DE P. L. B.

ENRICHY DE FIGVRES.

A PARIS,

Chez CHARLES DE SERCY, au Palais,
en la Salle Dauphine, à la Bonne
Foy Couronnée.

M. DC. LII.

AVEC PRIVILEGE DV ROY.

3

Callot in.

LE
VAINQVEVR
DE LA MORT,
OV
IESVS MOVRANT.

O Ciel, Terre, Elemens, Aſtres, Monde, Nature,
Vous qui tenez d'vn Dieu voſtre noble ſtructure,
Au poinct qu'il va ſouffrir ne fremiſſez-vous pas?
Oeuures du Tout-puiſſant permetrez-vous qu'il ſouffre?
Ciel tonne ſur les Iuifs, Terre ſois leur vn gouffre,
Du moins menace les & tremble ſous leurs pas.

Non non laiſſe Nature agir la Prouidence;
Ton Maiſtre qui déja ſouffre en ſa preſcience
Ne veut point pour luy ſeul liguer les Elemens;
L'amour & la douceur ſont ſes plus fortes armes;
S'il met le Ciel en trouble & la Terre en alarmes,
C'eſt plus pour publier qu'empeſcher ſes tourmens.

A

 # IESVS MOVRANT.

Dieu qui voulez souffrir dépeignez à mon ame
Vos douleurs & leur cause auec des traits de flâme ;
Comment vous couronnez vos trauaux éclatans
Et vos iours glorieux d'vn supplice effroyable ?
Pourquoy vous triomphez comme meurt vn coupable,
Vous qui donnez la palme aux plus saints combattans ?

Seraphins que la gloire a rendus impaßibles,
Mais que l'amour Diuin a rendus tres sensibles
Aux maux d'vn Dieu victime, & sauueur des peruers,
Formez-en par ma plume vne image immortelle
Sur celle que luy mesme imprime à vostre zele,
Et que vostre ferueur soit l'ame de mes Vers.

Pour vn si grãd dessein qu'vn Dieu mourãt no⁹ trace
Suy-le vite mon cœur par ce Torrent qu'il passe,
Par ces eaux qui deuroient s'accroistre de nos pleurs,
Ce funeste passage à toutes ses douleurs :
Suy la mortelle route où son amour le meine,
Voy comme il s'abandonne à la foiblesse humaine,
Il entre par la crainte en ses plus beaux combats,
Et gesne sa vertu d'vn sentiment si bas :
Si d'abord ses suiuans redoutent moins l'orage,
C'est qu'il cache sa peur pour leur donner courage ;
Mais ils en prennent trop & seront fort déceus
D'estre si courageux dans la peur de Iesus :

Ceux qui promettent là plus qu'ils n'en peuuent faire,
Manqueront pour punir leur serment temeraire ;
Penser mourir pour luy c'est vn espoir trop vain,
Sans auoir là-dessus pris son ordre Diuin :
C'est l'essor déreglé d'vne foy qui se vante
A celuy qui peut seul la rendre assez puissante ;
Ils deuroient deuant luy pour mourir sur ses pas
Demander de la force, & n'en promettre pas :
Leur serment est fort beau, mais ils peuuent l'enfreindre,
Ils peuuent bien faillir quãd leur maistre peut craindre,
Et le soin qu'il prend d'eux le permet iustement,
Pour les humilier dans son abaissement.
Ils perdent cette ardeur auecque sa presence,
S'il les éloigne vn peu leur foiblesse commence ;
Dans leur pesant repos tout leur zele affoibly
Met leur deuoir, leur gloire & leur maistre en oubly ;
Ils semblent negliger leur salut qui le presse,
Abbatus de sommeil quand il l'est de tristesse,
Et quand le vent soûpire à l'entendre gemir :
Quand on veille à le perdre ils peuuent bien dormir :
S'osent-ils reposer sur son inquietude,
Et l'amour s'endort-il pour quelque lassitude ?
Des subjets dont le Prince est pour eux agité,
L'offenseroient-ils pas par leur tranquillité ?

A ij

IESVS MOVRANT.

Réueillez-vous Chrestiens, c'est Christ qui vous appelle,
Apprenez de sa voix sa tristesse mortelle,
Quand pour vous il s'expose au celeste courroux?
Remarquez dans les yeux qu'il va mourir pour vous?
Pour vous il va cõbattre, & vous voit sans alarmes,
Son sang prest à couler n'attire point vos larmes;
Prenez part à sa peine, assistez-y du moins,
En estans les motifs soyez en les témoins:
 Iesus mal consolé de la trouppe assoupie
Qui dort sur nos pechez au poinct qu'il les expie,
Retourne méditer sur ce sanglant projet,
Et par cette pensée en auance l'effet.
Que d'horribles objets, qu'vne rude tourmente
Frappe sa prescience helas! trop clair-voyante.
Pecheurs, tyrans, bourreaux, monde, enfer reuoltez,
Trahison, calomnie, affronts, indignitez,
Infamie & tourmens, aigris par la risée,
Tout ce que peut tenter la rage authorisée,
Tout ce que le Demon chef du traistre party
Peut inspirer au cœur de l'homme peruerty;
Tout ce que l'vn & l'autre ont de plus detestable
Fait au cœur de Iesus vn effort qui l'accable;
Et de tous ces objets qui le glacent d'effroy,
C'est toy qui fait leur comble, homme pecheur c'est toy.

Si l'enfer contre luy soûlevant la Nature
Gesnoit son createur en châque creature,
Ses maux multipliez n'auroient rien deperçant,
Pourueu qu'en leurs assauts il vist l'homme innocent :
Mais hommes & demons le poursuiuent de mesme.
Iesus voit ceux qu'il hait suiuis de ceux qu'il aime,
Il voit leur noire ligue, & ce fatal instant
Assemble en son esprit les maux qu'il en attend :
Leur triste auant-coureur, l'effroy qui le possede,
Commence l'attentat des bourreaux qu'il precede.
Helas! si cet effroy l'atteint si viuement,
Quels seront ses tourmens dont l'ombre est vn tourmēt,
Où son cœur sent déja fatiguer sa constance,
Et sent les coups de Dieu preuenir sa sentence.

Cet homme Dieu soûmis au Diuin Tribunal
Craint vn Arrest celeste, vn complot infernal ;
Son ame auec son corps humblement prosternée,
Comme s'il dégradoit la sagesse incarnée,
Representant luy seul tout son peuple peruers,
Seul gemissant pour tous sous le poids de leurs fers
Tâche en vain de fleschir la Diuine Iustice,
Qui d'vn fils bien-aimé se fait vn sacrifice
Où le iuste est donné pour le coupable absous ;
Quelle Iustice, ô Dieu! quel amour, quel courroux,

Estre implacable au iuste & si doux au coupable ?
De quels excés l'amour rend il vn Dieu capable ?
Des prodiges Diuins voicy le iour prefix ;
Pour traitter ce coupable & cet esclaue en fils,
Dieu veut traitter son fils en coupable, en esclaue,
Et perdant qui l'honore, embrasser qui le braue.
Quoy l'offense de l'homme est-elle d'vn tel rang
Qu'il faille que Iesus l'efface par son sang ?
L'homme peut offenser & ne peut satisfaire,
Son Iuge cependant à son fils le prefere ;
Mais son sang dés long temps s'offre au salut humain.
Quoy celuy qu'il versa se versa-il en vain ?
Sa Circoncision cette offerte sanglante
Pour le salut d'vn monde est plus que suffisante ;
Est-il digne de mort pour auoir trop souffert ?
Croit-il peu nous aimer si l'amour ne le perd ?
Pource que l'homme peche il faut qu'vn Dieu patisse,
Et donne le sang iuste à la mesme Iustice :
Sa pitié qui preserue Isaac obeïssant,
S'endurcit à l'objet de Iesus innocent,
Et quand il nous appelle en part de sa clemence
Il exclud son fils seul de cette grace immense ;
Inflexible à sa voix qu'entre-couppe l'effroy ;
Ostez mon Pere ostez ce Calice de moy :

La Nature à l'oüir n'eſt-elle point confuſe?
Souuent il prie vn Dieu qui ſouuent le refuſe;
Oſte-moy ce Calice ô mon Dieu tu le peux,
Mais fay ce que tu veux & non ce que ie veux;
Sur tout ſatisfay toy, c'eſt ce que ie ſouhaite,
Diſpoſe de ton fils, ta volonté ſoit faite:
Ton ſilence m'apprend ton immuable Arreſt,
Il faut ce que tu veux, mourons ie ſuis tout preſt.

Il aſpire à la mort que ſon Dieu luy commande,
Ce qu'abhorrent ſes ſens ſa raiſon le demande,
Sa bouche en benit Dieu quand ſon cœur en gemit,
Et ſon ame triomphe en vn corps qui fremit.
Parmi ce ſaint effort & cette inquietude
L'eſprit donne à la chair vne attaque ſi rude,
Que l'vn ſaiſi d'horreur, l'autre d'vn tremblement
Par vn choc mutuel s'agite horriblement.
Vn trouble vniuerſel perd, confond, défigure
Ce chef d'œuure accomply de grace & de nature;
Ses membres abbatus d'vne extréme langueur
Rappellent tout le ſang de la garde du cœur;
Il perd auec ſon ſang ſa force défaillante
Pour les arrouſer tous d'vne ſueur ſanglante
Qui fait de châque pore vne playe en ſon corps,
Et i'eſſay de ſa mort vaut les plus rudes morts:

Sueur d'vn Dieu qui souffre, ah! c'en est trop peu dire
Qu'elle passe en douleur le plus sanglant martyre:
Que l'homme ne peut-il pour l'honneur de son rang
Payer en pleurs de sang cette sueur de sang?
Voy dans cette agonie en ces abois estranges
Cet homme Dieu la gloire & la force des Anges
Auoir besoin qu'vn d'eux soulage sa langueur
Pour soûtenir l'Arrest d'vne sainte rigueur?
Il dompte sa foiblesse & rien plus ne l'arreste,
Il s'auance à la mort, l'embûche est déja preste.

    Organe de Satan, detestable Iudas,
Tu luy rends vn seruice où tu ne luy sers pas,
Loin de fortifier celuy qui te rend traistre,
C'est luy que tu trahis quand tu liures ton Maistre,
Et c'est mal seconder ses damnables desseins
Que de faire ouuerture au salut des humains:
Mais que tu gardes mal traistre depositaire
Ce qu'il mit dans ton sein à son dernier Mystere;
Il se donnoit à toy barbare, & tu le vens,
Tu liures aux pecheurs le plus saint des viuans,
Quand par l'horrible abus d'vne faueur Diuine
Tu mis Dieu dans ton sein où le Demon domine:
Ne le receuois-tu qu'afin de le trahir?
Et dans son bien-fait mesme as-tu pû le haïr?

Oüy

Oüy perfide, oüy cruel, en profanant sa Cene
Tu luy donnois dés-lors le baiser de ta haine;
Ton remords te le dit, mais tu sceus l'estouffer
Pour vêdre aux Iuifs ton Maistre & secôder l'Enfer:
Tu reüssirois mal à quoy l'Enfer t'engage,
Si Iesus ne venoit se liurer à ta rage.

Hommes, Demons liguez d'vn complot impuissant
Attentent sur leur Maistre en vain s'il n'y consent;
Mais quand leur rage en vain conspire à le surprendre,
Luy mesme s'abandonne à qui ne le peut prendre;
L'impatiente ardeur de s'immoler à Dieu
Le souffre encor à peine en ce paisible lieu
Pour auertir les siens qu'enfin son heure arriue,
Et les mettre au repos dont pour eux il se priue.

Déja tout l'Enfer arme, & ses auant-coureurs
Cherchent vn homme Dieu pour but à leurs fureurs;
Ces traistres instrumens d'vne iniuste police,
Qui se guident d'vn traistre aueuglé de malice
Que pour mesme dessein mesme Demon seduit,
N'ont osé confier leur crime qu'à la nuit,
Qu'à cette nuit de crime où leur ame égarée
Pres du Dieu des clartez erre mal asseurée,
L'ayant trouué le cherche, & se perd le voyant,
Oiseaux de nuit frappez d'vn éclair flamboyant:

B

 # IESVS MOVRANT.

Son abord rend stupide vne trouppe barbare,
Elle le méconnoit quand mesme il se declare ;
Quand il leur fait trouuer celuy qu'ils ont cherché
Ils ont l'œil & le cœur troublez de leur peché ;
Ces glaiues, ces bastons, & tout ce qui les arme
Semble icy concourir à leur honteuse alarme,
Cet homme Dieu leur parle, ils tombent & font voir
Ce qu'est la force humaine aupres de son pouuoir.
Vit-on iamais vn loup dont la gorge alterée
Cherche auec heurlement l'aigneau pour sa curée
Tomber tremblant perclus à la voix de l'aigneau ?
La vertu fait au vice vn effort si nouueau ;
Si la voix de Iesus d'vn seul mot les terrasse
Quel foudre de terreur leur seroit sa menace ?
Eux qui sentent sa force osent-ils contre luy
Abuser du pouuoir qu'il leur laisse auiourd'huy ?
  Mais Satan les ranime au signal de leur guide
Qui vient liurer Iesus par vn baiser perfide ;
Que le Demon l'aueugle en cet affreux hazard
D'affronter qui le peut foudroyer d'vn regard :
Hé quoy dés qu'on attente à l'honneur de son Pere
Ce fils iuste arme vn bras digne de sa colére,
Le Temple profané d'vn auare debit
Voit tomber sur ce crime vn châtiment subit ;

Callot in

Mais s'il venge son pere, il souffre pour soy-même;
Qui le trahit se fie en sa bonté suprême,
Iesus pleint le pecheur, & se pleint du peché;
D'autant plus patient qu'il en est plus touché,
Comme s'il n'estoit pas outragé de ce crime,
En termes d'amitié son reproche s'exprime,
Il honore le traistre auant que l'accuser;
Amy pourquoy viens-tu me trahir d'vn baiser?
Par ce cruel baiser ie voy ce qui t'ameine,
Et ce signe de paix m'en est vn de ta haine.
Iesus par ce reproche exempt de toute aigreur
Offre encore sa clemence à qui luy fait horreur.

Ses Disciples d'abord s'offrent à sa defense,
Et leur foible secours à sa Toute-puissance:
Pierre zelé pour lors se croit mettre en deuoir,
Mais son zele imprudent est encore à sçauoir
Que la main de Iesus peut plus que son espée;
Vne oreille est remise aussi-tost que coupée:
On le sert mal, frappant ceux qu'il voudroit guerir,
S'il ne reçoit les coups il ne les peut souffrir;
Bien qu'il monstre à Malchus vn trait de sa puissance,
Luy-mesme la dénie à sa propre defense.
Tant d'Esprits glorieux dont le moindre est plus fort
Que les Iuifs que le Monde & l'Enfer & la Mort,

Témoins de ses douleurs sans y mettre d'obstacles
Ne feront qu'admirer ces funestes miracles :
Il peut tout de luy-mesme , il pourroit tout par eux,
Et ne veut que sauuer vn peuple malheureux :
Vn mot qu'il dit aux Iuifs est toute sa defense ,
Quelle fureur vous meut & quelle est mon offense ?
Vous venez tous armez me saisir en voleur ;
Qui paye ainsi mes soins en sçait mal la valeur :
Vous que i'ay tous les iours enseignez dans le Temple
Auiez de mes desseins vne preuue assez ample ;
Vous n'auez point alors iettè sur moy les mains ,
Maintenant suis-ie en butte à vos coups inhumains ?
Mais vostre heure est venuë , & vos complots funebres
Soûleuent contre moy le pouuoir des tenebres.
Par leurs projets suiuis de tant de cruautez
Ceux de la Prouidence y sont executez :
De là naistra le iour aux ames obscurcies ,
Et de la mort de Christ l'effet des Propheties :
    Ce Dieu saisi , captif & chargé de liens
Veut demeurant au piege en retirer les siens.
N'engagez point, dit-il, ces hommes en ma prise.
Laissez-les retirer , que ma mort vous suffise.
Mon Pere , tes Eleus , ceux que tu m'as commis,
Ie ne les donne point en proye aux ennemis.

Loin de les appeller en part de sa souffrance,
Il ne veut qu'aucun d'eux souffre en sa deliurance.
   Voila ce Redempteur indignement traisné,
A la honte des siens qui l'ont abandonné :
Luy qui les veut sauuer par leur propre foiblesse
Leur laisse fuir le piege où chacun le delaisse.
Il n'est point là de cœurs dignes d'accompagner
Ce Roy de la souffrance où luy seul peut regner :
Les deserteurs de Christ sont là ce que nous sommes,
Pour estre ses Martyrs ils sont encor trop hommes :
Fuyez hommes, fuyez qui va mourir pour vous,
Il n'appartient qu'à luy de souffrir seul pour tous :
Que le deuoir des siens cede à la fureur Iuifue,
Que le Ciel l'abandonne & l'Enfer le poursuiue,
Ce comble de misere est la perfection
Et de sa patience & de sa passion :
Luy seul enueloppé d'vne foule perfide
Est conduit au Conseil où Caïphe preside.
   Ce Tyran contre luy dés long-temps irrité
Et d'ombrage & d'enuie & d'animosité,
Ce traistre auec les siens ouuertement concerte
Contre le iuste sang dont il conclud la perte :
Feray-ie oüir la voix de ce blasphemateur
Qui parle de Iesus comme d'vn seducteur :

Non, retranchons d'icy l'execrable inuectiue
Qui le rend odieux à la Iustice Iuifue :
Elle nous donne encor trop de confusion
Quand la mort de ce Iuste est sa conclusion :
Pour le salut du peuple il faut il faut qu'il meure,
La plus prompte defaite en sera la meilleure.

Donc le Ciel & l'Enfer s'accordent à sa mort,
Deux contraires decrets ont ce mortel rapport,
L'vn iuste & qui paroist contraire à la Iustice
Veut que pour les pecheurs leur bien-faicteur perisse :
L'autre iniuste en effet le traitte en mal-faicteur,
Luy que le vice outrage en passe pour l'autheur,
Luy qui reçoit l'offence en portera la peine :
O iugemens humains ! Politique inhumaine !
O Iustice des Iuifs dont l'abus solemnel
Rend le Iuge, témoin partie & criminel.
Leur procedure inique à la forme déroge,
Condamnant l'accusé deuant qu'on l'interroge,
Et lors qu'ils ont iugé qui les doit tous iuger
Ce Iuste comparu se laisse interroger.

Estrange abaissement ! Regarde vne montagne
Qui de mille ruisseaux abbreuuoit la campagne,
Et qui perçant les airs au dela de nos yeux
Paroissoit le lien de la Terre & des Cieux,

SPQR
J. Callot in
5

Si les Cieux irritez luy declarent la guerre,
S'il s'eleue contr'elle vn tremblement de terre,
Lors ce grand mont se brise, & sa vaste hauteur
S'abbat s'aneantit dessous sa pesanteur;
Ce corps qui fut l'abry des campagnes voisines
Laisse choir son sommet iusqu'au pied des colines.
Tel ce Christ qui n'aguere eleué glorieux
Paroissoit le lien de la Terre & des Cieux,
Tandis que son amour, son pouuoir, sa doctrine
Répandoient leurs tresors dessus la Palestine :
Dés que Dieu sur luy-mesme appesantit sa main,
Et l'abandonne aux coups d'vn complot inhumain,
Ce Christ succombe alors, sa force est oppreßée,
Il laisse aneantir sa grandeur abaißée,
Et sa soûmißion à ce cruel reuers
Abbat sa Maiesté iusqu'aux pieds des peruers.
     Là pour trop bien répondre à son Iuge hypocrite
Que sa constance estonne & que son droict irrite,
Il souffre qu'vn infame, vn barbare valet
Luy froisse le visage à coups de gantelet :
Mais sa modeste plainte à cet enorme outrage
Répond, si i'ay mal dit, rens-nous en témoignage ?
Si ie n'ay point mal dit, pourquoy m'as-tu frappé ?
Ce Chef des Glorieux de honte enueloppé,

Tout plombé de ce coup visiblement exprime
A son premier bourreau la noirceur de son crime:
Mais bien qu'il s'en ressente &ne s'en taise pas,
Ce coup le blesse moins qu'vn baiser de Iudas.

    Helas! s'il est encore outré de cette iniure
Combien le sera-t'il d'vne offense plus dure?
L'outrage d'vn amy simple dés le dessein
Surpasse en cruauté les coups d'vn assassin,
Et Pierre perd le sens s'il est à reconnoistre
Que son crime s'accroit par l'amour de son Maistre:
Les ennemis de Christ l'outrent moins que la voix
D'vn amy renegat pour la troisiéme fois:
Pour la troisiéme fois, helas! dès la premiere
Pierre, Pierre, as-tu pû supporter la lumiere?
As-tu pû conseruer l'vsage de ta voix
Pour renier Iesus vne troisiéme fois?
Crois-tu l'affliger de cette indigne offence?
Veux-tu la redoublant forcer sa patience
Et surmonter Iudas en son noir attentat
Pour faire d'vn Apostre vn second Apostat?
Ioindras-tu point encor ta voix aux calomnies
Dont tu vois diffamer ce Dieu que tu renies?
Que n'as tu fuy plûtost parmi ses deserteurs
Que venir l'outrager parmi tant d'imposteurs?

Es-tu

Es-tu ce cœur zelé qui prenois sa querelle?
Tu vens cher à ton Maistre vn moment de ton zele:
De ton zele au forfait tu n'as point de milieu,
Ta peur estouffe en toy la trainte de ton Dieu:
Appuy de nostre Eglise vn ombre t'épouuante,
Tu trembles à la voix d'vne simple seruante,
Vn mot d'vn valet Iuif triomphant de ta foy
Arrache vn si noir crime à ton perfide effroy.
Cœur lâche, ingrat & sourd au Ciel qui te reproche
D'outrager ton Seigneur quand sa mort est si proche;
Cœur trois fois renegat, cet endurcissement
Est d'vne sainte Eglise vn mauuais fondement.
Falloit-il voir en toy combien l'homme est fragile?
Toy-mesme à qui Iesus commet son Euangile
Méconnoistre son nom & le rang que tu tiens,
Quel outrage à ton Dieu, quel exemple aux Chrestiens?
Toy renier ton Maistre en qui tu feras croire,
Commences tu par là de publier sa gloire?
Est-ce là cette voix & cet amour si franc
Qui promit de signer son honneur de ton sang?
Tu ne le connois point, t'est-il méconnoissable
Parce qu'il prend pour toy la forme de coupable?
Il est ton bien-faicteur, tu ne le connois plus
Lors qu'il te reconnoit pour chef de ses Eleus?

C

Et quand l'on te conuainct de preuues manifestes
Tu ne le connois point, tu iures, tu detestes :
Reconnoy ton forfait, tu le sens, tu le vois,
Confesse que Satan a parlé par ta voix :
Que le chant de ce Coq réueille ta memoire
Au desordre où te iette vne faute si noire :
Oy ce Coq t'accuser pour la troisiéme fois :
Ton Maistre a l'œil sur toy, voy si tu le connois :
Soûtiens-tu ce regard & cet amoureux foudre
Dont tes yeux dessillez vont en pleurs se dissoudre ?
Il souffre, va pleurer, son sang attend tes pleurs,
Tâche par tes remords d'alleger ses douleurs :
Pleure vn Dieu que tu vois dessous la tyrannie
Inuesty de la haine & de la calomnie,
L'vne suscite l'autre en cette faction
Qui complotte à ses yeux sa condamnation,
Mais contre vne innocence aussi ferme que pure
L'iniustice ne peut s'armer que d'imposture.

Tous ses persecuteurs en vn corps reuolté
Ne sçauroient le combattre auec la verité.
Qu'ils l'aillent rechercher dans son illustre vie,
Qu'y pourront-ils trouuer que des sujets d'enuie ?
Ces traistres lui verront rendre la vie aux morts,
La lumiere aux esprits & la vigueur aux corps :

Ses mœurs sont des vertus, ses actes des miracles,
Ses discours ses conseils autant de saints Oracles.
Qu'ils s'informent de Christ aux hõmes, aux demons,
Dans les villes, deserts, campagnes, mers & monts :
Ces témoins & ces lieux conseruent sa memoire,
Les Iuifs sçauront de lui plus qu'ils n'en veulent croire :
Ils y cherchent le mal pour offusquer le bien,
Sa gloire est tout leur foible & n'est pas son soûtien ;
Loin de la verité qui confondroit leur rage
Leur infame recours n'est qu'au faux témoignage :
Tel calomniateur oze icy protester
Qui par sa fausseté croit encor meriter,
Il fait vertu de nuire au Iuste qu'on opprime,
Sans attendre en son crime autre prix que son crime ;
Les plus abjets témoins, les plus faux sont receus,
C'est bien seruir l'Estat qu'imposer à Iesus.

　　Le Dieu de verité doit-il quelque réponce
A tant de faussetez que leur haine dénonce ?
Iesus calomnié par ces iniurieux
N'y daigne repartir de la voix ni des yeux,
Et tenant bas la veuë où tout paroist inique
Refuse aux imposteurs l'honneur de sa replique :
Son silence eloquent pour les confondre tous
Garde vne majesté dont Caïphe est ialoux ;

C ij

Ce Iuge est offensé d'vn genereux silence
Qui deuant l'injustice exalte l'innocence :
Iesus se defend trop à ne point repartir,
On veut qu'il parle icy, mais pour le démentir ;
Caïphe qui l'exhorte à declarer son estre
Pour le conneste mieux & le mal reconnestre
Cherche la verité dans son Diuin appuy
Pour les combattre ensemble & la perdre auec luy.
Es-tu le fils de Dieu ? la verité le presse,
Sa vertu l'auoüoit & sa voix le confesse,
Mais cet aueu celebre irrite leur fureur
Loin de porter le iour dans leur maligne erreur.
Qu'attendons-nous de plus ? dit Caïphe, il blaspheme,
Et blesse plus que nous la Majesté supréme.
Ils reçoiuent pour faux le vray qui leur déplaist,
Iesus est imposteur d'auoir dit ce qu'il est,
Leur malice incredule accuse de blaspheme
La Parole Diuine, & la Verité mesme ;
Pour dire qu'il blaspheme ils ozent blasphemer,
Scandalisez d'vn nom qu'ils deussent reclamer.

  Voila Iesus soûmis à l'opprobre, à l'outrage,
L'vn crache contre luy le venin de sa rage,
L'autre qui lui fait pis au gré de tous fait mieux,
Lors que d'vn voile indigne ils lui couurent les yeux ;

Ces yeux trop clair-voyans dans leur plus noire trame,
Qui penetrent l'Enfer & le fonds de leur ame.
On le iouë, on le bat, le brocard suit les coups:
Qui de nous t'a frappé? Prophete, dy.le nous?
Il ne le sçait que trop, il peut sans qu'il les nomme
Il peut se plaindre à Dieu qu'il est frappé de l'homme,
Tant qu'il reçoit de coups nous les rendons plus vifs,
Le moindre des humains trempe au crime des Iuifs.
Là le plus vil des Iuifs impunément l'offence,
Le Iuge donne au peuple exemple d'insolence:
Là Satan pense voir le Iuste aneanti
Sous vn Iuge brutal, sous vn peuple abruti.
Sanson par son amour dépoüillé de sa force,
Qui fait auec sa gloire vn funeste diuorce;
Miserable captif de ceux qu'il a vaincus.
Qu'est-il dans sa langueur que l'ombre de Iesus?
Par combien de douleurs vn traittement barbare
Luy fait-il pressentir celles qu'on lui prepare?
C'est là tout son repos dans cette horrible nuit,
Qu'on ne peut comparer qu'au seul iour qui la suit.
    Déja le Ciel pâlit de la clarté funeste
Qui va luire à des maux dignes d'vn deüil celeste.
Ah! si tous ces Tyrans ozent leuer les yeux
Ils verront que leur crime épouuante les Cieux:

Ils ne regardent plus Cieux Raison ni Nature,
La parole de Christ ne leur est qu'imposture;
C'est assez qu'il s'est dit Fils du Pere eternel
Pour estre icy traitté pis qu'un serf criminel.
En cette qualité l'on le mene à Pilate,
Deuant qui sa candeur si viuement éclate,
Qu'il rougit pour les Iuifs de leur mauuais rapport,
Et loin de le iuger il leur donne le tort.
Les chefs de ce côplot, faux Magistrats, faux Prestres,
L'opprobre de leur ordre & l'exemple des traistres,
Laisseront-ils leur crime apres l'auoir trâmé?
Non c'est trop peu pour eux qu'un Iesus diffamé:
Ils n'ont tous acheté son sang que pour l'épandre,
Iudas n'est plus oüy quand il le vient defendre.
Son public repentir le iustifie en vain
Et ne peut leur oster la soif du sang Diuin.
Quoy? leur rage suruit sa cruelle auarice?
Quand Iesus en triomphe ils veulent qu'il perisse;
Vn Iudas repenti ne les peut émouuoir,
Leur obstination croist dans son desespoir.
Quel plus pressant exemple à leur ame endurcie,
Pour sauuer le sang iuste, un Prophete, un Messie,
Que voir ce forcené d'un horrible remord
Ayant liuré Iesus se condamner à mort?

Quand son prompt desespoir fait perir leur complice
Ils acheuent son crime en voyant son supplice ;
Pour eux comme pour lui Christ en vain est clement,
Iudas predit leur perte en son aueuglement.
Funeste aueuglement ! d'ignorer l'efficace
Des pleurs qui forcent Dieu de nous rendre sa grace ;
S'il connoissoit son Maistre il verroit à l'effet
Que sa clemence a pris le pecheur pour objet.
Sa defiante erreur pour la bonté suprême
De perfide à son Dieu le rend traistre à soy-mesme.
Ce n'est que cette erreur qui le fait reprouuer ;
Iesus liuré gemit de ne le pas sauuer :
Quoi que ce traistre ait fait sa perte ne commence
Qu'au peché qui trahit la Diuine clemence,
Puis qu'il perd son pardon faute de l'esperer
Et manque à flechir Dieu faute de l'implorer :
Si l'espoir du pardon le rendoit pardonnable
Son propre châtiment le rend plus punissable :
Venger ainsi Iesus ce n'est que l'affliger
Alors qu'il veut souffrir pour ne se pas venger :
Tel conspire à sa mort qu'il absout & qu'il aime,
Mais il ne fait point grace à qui se perd soi-mesme,
Et sa rigueur qu'un traistre a pensé preuenir
Le punit à iamais de s'estre ozé punir.

Ainsi iuste est celui dont vne ligue ouuerte,
Vn complot de pecheurs sollicite la perte :
Eux qui suiuant leur Loy ne le peuuent iuger
Ont conspiré sa mort par vn Iuge estranger :
Lui qui ne peut tirer d'vn Dieu qu'il examine
Que la confession d'vne essence Diuine,
Croit qu'il choque plûtost le bon sens que la Loy
Au nom qu'il prend de Dieu, de Messie & de Roy.
L'examiner ainsi sans le mieux reconnaistre
Ce Iesus que les Cieux reconnoissent pour Maistre :
Ah ! Iuge trop aueugle agi plus sainement,
Loin de l'examiner crains crains son iugement.
Quoi qu'il n'ait pas fondé son Royaume en la terre
Il t'apprend qu'il est Roi de tous ceux qu'elle enserre :
Stupide ouure les yeux deuant sa Majesté,
Tu veux sçauoir de lui ce qu'est la verité :
Reconnoi mieux Iesus tu la sçauras connoistre,
Tu la verras en lui dont elle a pris son estre :
Remarque dans ce Iuste entouré d'imposteurs
Vne sainte pitié pour ses persecuteurs :
Voi ces yeux, voi ce front, trônes de la Sageße,
Où la vertu reluit à trauers la tristeße :
Sur ces marques de Iuste aßiez ton iugement,
Soûtien aux imposteurs que ton œil les dément,

Quand

Quand ta froide equité l'exhorte à leur répondre
Tu vois que son droit seul suffit à les confondre :
    Plus il leur paroist iuste ils le veulent punir,
Son Iuge voit son droit sans l'ozer soûtenir :
Ce lâche s'en remet sur un aueugle Herode
A qui ses faits Diuins sont tous suspects de fraude,
Leur renom l'a picqué d'un souhait enuieux
D'en soûmetre vne épreuue à ses indignès yeux :
Il veut moins en Iesus admirer que reprendre
Quelque magique effort qu'il ne puisse defendre :
Il demande vn miracle & desire vn forfait,
Mais deuant Dieu la ruse obtient mal son effet :
La puissance de Christ cede à sa retenuë,
Elle souffre vn affront pour n'estre pas connuë :
Quoy ? Sagesse eternelle, vn fol vn hebeté
Vous traitte de folie & de stupidité !
Par vos iustes refus sa vanité surprise
N'ayant pû vous iuger vous iouë & vous méprise :
Le manteau qu'il vous donne est honteux mais decent,
Si la blancheur sied bien au corps de l'innocent.
Innocent Iuste & Saint en butte à la souffrance,
Captif de la fureur, ioüet de l'ignorance,
Innocent qui seul Iuste & se priuant d'appuy
Ne se fait point iustice & ne l'a point d'autruy.

D

Son procez se renuoye entre Herode & Pilate,
La tourmente l'agite auant qu'elle l'abbate.
Tel l'exquif dans l'orage entre mille hazards,
Emporté par deux vents en deux contraires parts,
Il plie au choc des deux, chacun se le renuoye,
Il est de tous les deux le rebut & la proye;
Entre cent coups de vague il chancelle & n'attend
Que son dernier débris & son fatal instant.
Christ auant son arrest souffre plus d'vne geine
Lors que d'vn Iuge à l'autre on le meine & rameine.

L'imposture impuissante à sa conuiction
Ne trouue son recours qu'à la sedition:
Ce n'est plus le mensonge & la ruse du vice
Qui soûmet l'innocence aux coups de l'iniustice,
C'est vn visible effort des Iuifs & de l'Enfer
Qui pour perdre le Iuste en pensent triompher:
Ils veulent tous qu'il meure innocent ou coupable;
En ce iour solemnel vn ordre inuiolable
Souftrait vn criminel à la rigueur des Loix,
Iesus & Barrabas sont remis à leur choix.
Quel rapport iuste Dieu! quel choix où l'on compare
Le crime à l'innocence, au Messie vn barbare,
Vn brigand au Sauueur, Barrabas à Iesus;
Mais ce choix ne tient point les Iuifs irresolus,

Barrabas a la vie & Iesus la souffrance,
Les Iuifs ont preferé le crime à l'innocence.
Icy le vice est Iuge, il subuertit le droit,
Condamnant le coupable il se condamneroit.
Dans ce cruel abus ils font mieux qu'ils ne croyent,
Quand Barrabas reçoit la grace qu'ils octroyent :
Si la coustume absout vn coupable aujourd'huy,
Iesus fuit vn pardon trop indigne de luy.
Le pardon ne doit pas sauuer qui nous pardonne,
Receuoir cette grace est honte à qui la donne :
Il sied bien à Iesus d'estre persecuté
Par ceux dont Barrabas obtient l'impunité.
Barrabas n'est aussi chargé que de son crime,
Iesus l'est de tous ceux dont vn monde l'opprime ;
Ainsi iuste & chargé pour tant de scelerats
Iesus cede à bon droict la grace à Barrabas.

    Vn bruit pour Barrabas s'éleue à la mesme heure,
Donnez-nous Barrabas, ostez l'autre qu'il meure.
Ce Christ qui dans le iour du Iugement final
Nous paroistra seant au Ciel son Tribunal,
Qui fera tout trembler au bruit de sa Iustice,
Iuste distributeur du prix & du supplice,
Qui Iuge vniuersel plus grand que l'Vniuers,
Redoutable aux plus Saints & terrible aux peruers,

Dans le saint appareil de sa grandeur suprême
A la dextre de Dieu se fera voir Dieu mesme :
Ce Christ par qui le monde un iour sera iugé
Reçoit l'arrest mortel de ce peuple enragé :
Ce monstrueux Senat d'une foule brutale
Ordonne au Saint des Saints la peine capitale.

   Combien l'hôme est-il foible, & que peut-il sans Dieu?
Pour un honteux respect & par un lâche adueu
Assouuir d'un sang iuste une foule rebelle,
Iuge digne à iamais d'estre puny comme elle :
Ce Iuge qui pour craindre un tumulte confus
Trahit sa conscience & le droit de Iesus ;
L'abandonne aux bourreaux à qui l'Enfer confere
Le soin d'un attentat qu'il veut & ne peut faire :
Ils iettent sur Iesus leur sacrilege main,
Ces fiers hommes de sang qui n'ont plus rien d'humain,
Instrumens de l'Enfer qui les guide & remuë
Par les plus durs ressors dont la rage est émeuë ;
Iesus donne les mains & se laisse lier
En miserable esclaue au funeste pillier :
Ces bras qui regiroient les celestes mobiles,
Tous puissans à bien faire, à souffrir tous debiles,
Loin de venger l'honneur de ce Dieu garotté,
Ne sont plus qu'instrumens de sa captiuité ;

SPQR
Callot in

Et rudement geinez sous des cordeaux funestes
Qu'ils pourroient conuertir en foudre, sur ces pestes :
Leur laissent déployer mille outrageux efforts
Sur le plus precieux & le plus beau des corps,
Mais trop attenué pour faire resistance
Aux assauts d'vn tourment qui combat sa constance.

O Ciel ! parle en ma place ou me soûtien la voix,
Combien souffre ta gloire au crime que tu vois ?
Celuy que l'on déchire ô Ciel ! est-ce ton Maistre ?
Par sa seule constance il témoigne bien l'estre :
Mais qui sont ses brutaux dont il est tourmenté ?
Les bras de l'injustice & de la cruauté,
Les bras des Tyrans Iuifs, les fleaux de l'innocence,
Capables d'exercer le Dieu de la constance :
Au dela de leur charge ils poussent ses douleurs,
Vn coupable en sa place attireroit leurs pleurs ;
La bonté du Souffrant dont leurs rages s'irritent
Fait redoubler sur luy des peines qù'ils meritent.
L'écarlate aigrit moins la fougue des taureaux
Qu'vn sang si pur si saint n'acharne ces bourreaux ;
Ce sang qui teint leurs mains leur jalit au visage,
Leurs yeux boiuent ce sang où leur cruauté nage :
Ce sang qui les repaist ne les peut appaiser,
Leur barbare vigueur s'épuise à l'épuiser.

IESVS MOVRANT.

Toy qui plonges ton Maistre en ce douloureux gouffre,
Compte par tes pechez compte les coups qu'il souffre.
Dans ce corps mis en proye à ces dénaturez
Rien ne reste d'entier aux membres déchirez,
Et ce funeste corps dont le penser m'effraye,
Dépoüillé de sa peau ne paroist qu'vne playe,
Tant de muscles, de nerfs & d'organes diuers
Sous les coups redoublez tressaillent découuerts.
Icy le sang Diuin détrempe la poussiere,
Cette perte de sang surpasse la premiere ;
Sa sueur & ces coups ont tout détruit ce corps,
Sa sueur au dedans & ces coups au dehors.
Que fait ce cœur Diuin au fort de sa souffrance,
Vn seul mot vn seul cry ne trahit sa constance,
La colomne est moins ferme, elle semble fremir
Au triste bruit des coups qu'il souffre sans gemir.
    Là sa douleur l'anime au defaut de sa vie,
Et la fureur des Iuifs plus lasse qu'assouuie,
Fiere de l'auoir mis en cet horrible estat
Fait offrande aux enfers d'vn si noir attentat ;
Et pour vanter aux Iuifs cette indigne victoire
Met ce corps miserable en spectacle au Pretoire :
Mais son sang sur luy-mesme épars horriblement
Ne fait voir de Iesus que son affreux tourment.

8.

Callot in

Cette pourpre de sang que tout son corps distile
Se laisse enuelopper d'vne pourpre trop vile:
C'est par où l'on commence vn funeste appareil
A ce Roy qui fera son Trône du Soleil:
C'est peu qu'il ait souffert en esclaue en coupable,
Il faut qu'il souffre en Roi, mais Roi qu'vn peuple acable:
S'il est Roy pour souffrir, quels sont ses ornemens,
Satan instruit leur rage à l'orner de tourmens.
Helas! que cette rage industrieuse au crime
En couronnant ce Roy le rend bien sa victime:
Que ce cruel mépris qui l'orne indignement
Porte de coups mortels par son couronnement.
Quel ioug passe en rigueur cette affreuse Couronne,
Ce chappeau d'aiguillons que l'horreur enuironne,
La douleur qui du chef reiallit sur le cœur
De mille traits perçans augmentent sa langueur:
Vn Sceptre de roseau lourd à sa main tremblante
Surcharge de mépris sa Maiestè souffrante:
Pompe ignominieuse, ornemens douloureux
Qui font Roy des Martyrs le Dieu des Bien-heureux.
   Voila ce Roy des Iuifs esclaue de leur rage,
Quiconque le saluë en mesme temps l'outrage:
Grands Roys que vostre Roy souffre d'indignitez!
Pleurez-le pour le moins si vous ne l'imitez.

Roys pleurez vostre Roy dont la sainte constance
Se fait de vos honneurs vn regne de souffrance :
Que seroit-ce de vous sans ce Roy tourmenté ?
Monarques rendez grace à sa captiuité.
Ce Roy s'est fait captif de la cruauté Iuifue
Pour rauir à l'Enfer vostre grandeur captiue :
Roys descendez du Trône & venez compatir
A ce Roy qui pour vous se laisse aneantir.
Adorez sa bassesse & parmy vos hommages
Nommez-vous deuant luy ses peu dignes images,
Voyez que vos honneurs sont differens des siens,
Et le regne de Christ de celuy des Chrestiens.
Tout les flate & leur rit, tout l'offence & le blesse,
Son regne n'est rien moins qu'orgueil fast & molesse,
Sa Cour est l'vnion de ses persecuteurs,
Ce qu'il eut de suiuans est en ses deserteurs ;
Son peuple est son tyran, ce qu'il reçoit d'hommages
N'est qu'vn cruel amas de coups d'affrôts d'outrages,
Sur luy ses ennemis regnent cruellement,
Sa gloire est de souffrir, son regne est le tourment ;
Ses titres sont de fol, de criminel, d'infame,
Il souffre en son honneur, en son corps, en son ame,
Le moins que ce Roy souffre est vn cruel mépris,
Quels esclaues voudroient estre Roys à ce prix ?

Au

9
J. Callot. in

Au fort de sa langueur d'injures accablée
Pilate le produit aux yeux de l'assembl.e:
Iuifs le voila cet Homme, vn tel homme est-il Dieu?
Chez eux ny la Raison ny la Foy n'a plus lieu:
Tout déchiré qu'il est, tout difforme qu'il semble,
C'est vn Dieu, c'est vn hõme, hõme & Dieu tout ensẽble,
Homme soûmis pour l'homme à l'inhumanité,
Et Dieu iuste vengeur de la Diuinité.

Dans ce peuple amaßé de toute la Iudée
Qui connut le Meßie en a perdu l'idée:
Helas! qu'il est changé de ce Christ glorieux,
Le conquerant des cœurs & le charme des yeux.
Ierusalem le rend tout autre außi bien qu'elle,
Außi défiguré qu'il l'eprouue infidele;
L'infidele n'est plus cette sainte Sion
Qui de l'amour de Christ fit son ambition,
Et ce Christ qui fit d'elle vn centre de ses graces
Ne paroist plus celuy dont on baisoit les traces;
On le croyoit Prophete, on le nomme imposteur,
Ce Redempteur du monde est crû son seduôteur;
Par tout ce qu'il n'est point on le pense connestre:
Helas! s'il n'est confus, combien paroist-il l'estre?
Il est maudit de ceux dont il s'oyoit benir,
Qui voyoit ses bien faits vient pour le voir punir.

E

Tel admiroit en luy quelque nouueau miracle
Qui voit sa passion comme vn honteux spectacle ;
Tel accouru pour voir cet Homme plus qu'humain
D'vn zele impatient l'adoroit en chemin,
Qui seduit à l'abord de cette Ville inique
Prend party contre luy dans la fureur publique ;
Et tel par qui son nom estoit glorifié
S'écrie insolemment qu'il soit crucifié :
Ny Satan ny les Iuifs ne peuuent reconnaistre
Pour Fils du Dieu viuant cet homme qu'on vit naistre :
Qu'il meure, disent-ils, il s'est dit nostre Roy,
Vengeons de cette injure & Cesar & la Loy ;
Il s'abusent des Loix pour en perdre le Maistre,
Du nom de Roy contre vn dont tout autre tient l'estre.
Pilate repugnant à ce traistre attentat
Ne fait qu'aigrir le peuple & les chefs de l'Estat ;
Il entend par leur voix Cesar qui le menace,
Et s'il craint l'injustice il craint plus sa disgrace :
L'Empire de Cesar condamne vn concurrent,
Mais qu'on ne craigne point ce Diuin Conquerent,
A l'Empire des cœurs son pouuoir se resserre,
Qui nous donne le Ciel n'oste rien à la terre ;
Et la voulant sauuer du regne des Enfers
Il ne dompte des cœurs que pour rompre leurs fers.

SPQR
Callot. in
6

Ces vaſſaux de Ceſar redoutent ſa iuſtice,
Qui d'vn Prince ou d'vn Dieu fera mieux leur ſuplice?
Ceſar qui deuant Dieu ne peut ſe rendre abſous
Peut-il les proteger contre vn Diuin courroux.
Mais ce peuple ſeduit d'vn Conſeil deïcide
Eſt maiſtre d'vne cauſe où la fureur preſide :
Qu'il meure, diſent-ils, ce faux Dieu, ce faux Roy,
L'ennemy de Ceſar, l'infracteur de la Loy.
Le Ciel qui voit iuger celuy qui ſanctifie
Retentit de ces mots, Qu'on nous le crucifie.
Peuple, leur dit Pilate, hé! que pretendez-vous?
Souffre-t'il pas aſſez, il eſt couuert de coups;
Ce peuple dont la rage en Cäiphe ſe fie
Redouble, Qu'on nous l'oſte & qu'on le crucifie.
  Voicy qu'vn iugement de crainte & d'intereſt
Condamne vn Iuge lâche à prononcer l'arreſt;
A quoy lauer ſes mains du crime de ſa bouche?
Lors qu'il craint moins le Ciel que ce peuple farouche
Se croit-il excuſer ſur vn peuple irrité?
Qui defere à l'inique eſt dans l'iniquité :
Abandonner le Iuſte eſt trahir la Iuſtice,
N'empeſcher pas ſa mort c'eſt en eſtre complice :
Mais déja teint du ſang que Ieſus a verſé
Il ne fait qu'acheuer ce qu'il a commencé;

Sa crainte qui deſlors l'a fait Iuge perfide
Ne fait que confirmer ſon arreſt deïcide.
Ce lâche pleurera l'occaſion qu'il perd
De repouſſer le crime auec vn zele ouuert ;
Glorieux s'il ſuiuoit le Iuſte au ſacrifice,
Qui le couronneroit martyr de la Iuſtice.

　　Mais ſon crime s'acheue au ſalut des humains,
Les ennemis de Chriſt ont ſa vie en leurs mains ;
Leur cruauté triomphe, elle enleue ſa proye,
Ce treſor infiny quelque abjet qu'on le croye :
Heureux ſi poſſedant la richeſſe des Cieux
Ils ſçauoient la connoiſtre & s'en preualoir mieux :
Mais ce ſacré butin de leur barbare ligue
Leur ſera plus fatal qu'vn treſor au prodigue :
Ils l'ont pris pour le perdre & non pour en ioüir,
Aueuglez en ſa mort iuſqu'à s'en réjouir :
Comme ils ſeruent Satan c'eſt luy qui leur enuoye
Cette folle cruelle & deteſtable ioye,
Tout le tumulte affreux par mille cris confus
Applaudit à l'Enfer dans la mort de Ieſus :
Malheur à qui la cauſe & grace à qui la pleure ;
Larmes, douleur, pitié, voicy voicy voſtre heure.

　　Voila Ieſus qu'on traiſne à ſa derniere mort,
Loin d'aider ſa foibleſſe en vn ſi rude effort :

On veut que de sa Croix sa charge soit comblée,
Que l'Autel pese encor à l'hostie accablée,
Comme si nos pechez & ses maux sans sa Croix
N'estoient pour sa langueur vn assez rude pois :
Sa Croix pourtant n'est pas la plus insuportable,
Sa Croix le fait tomber, mais le peché l'accable.

Faut-il passer plus outre, est-il encor besoin
Qu'ayant la mort au sein il la cherche plus loin ?
Finy Pere eternel, finy ce sacrifice,
Ton Fils à trop longs traits boit ce cruel Calice,
Enleue sa chere ame à ses tristes liens,
Que sa mort le deliure en deliurant les siens :
Mais sa mort est sa gloire, elle n'est pas venuë,
Il faut que iusqu'au bout sa douleur continuë,
Il faut que Iesus souffre & souffre longuement,
Que châque instant luy soit vn surcroist de tourment,
Qu'il laisse ses bourreaux pour nous flêchir son Pere,
Qu'il fournisse à leur gré sa funeste carriere,
Qu'il traisne encor plus loin sa langueur sans suport,
Et par de longs tourmens il paruienne à sa mort.
Dans ce corps abbatu le cœur qui perseuere
Veut porter ses douleurs à leur comble au Caluere.

Simeon qui le premier t'apprend ce que tu dois
Partage auec Iesus le fardeau de sa Croix :

Pour le mieux soulager du trauail qui l'accable
Il mesle sa sueur à son sang adorable:
Secours aux maux d'vn Dieu, mais si foible & tardif
Qu'il en ressent bien moins l'effet que le motif.

 Qu'vn Dieu qui soufre est bõ! que l'amour qui l'enflâme
Paye bien en mourant la pitié d'vne femme!
Son voile qu'elle étend sur le front du Sauueur
Gagne auec son portrait sa Diuine faueur,
Cependant que les coups dont vn bourreau le presse
Precipitent ses pas ralentis de foiblesse.
Mais combien est son cœur plus viuement pressé
D'accomplir vn salut qu'il a fort auancé.

 Déja Ierusalem de toutes parts attire
Des cruels spectateurs à ce Diuin Martire;
Et pour l'accroistre encor d'vn monde d'assistans
Reçoit les étrangers parmi ses habitans:
Ainsi que sa fureur leur presse multiplie,
Des tourmens de Iesus elle est toute remplie,
Et superbe de faire vn triomphe aux Enfers
Elle étalle son crime aux yeux de l'Vniuers.

 Iesus chassé la quitte, ah! miserable Ville
Trop rebelle à ton Maistre, aux Tyrans trop seruile,
Abisme de pecheurs, gouffre d'iniquité,
Tu chasses ton Sauueur, ton salut t'a quitté:

SPQR
10
Callot in

Tu ne l'as pas voulu pour Dieu pour Roy pour Pere,
Tu l'auras pour ton Iuge armé de sa colere,
Tu l'as tyrannisé, son regne aura son tour,
Et prepare sa haine à qui fuit son amour.
Toy regne des Demons, Synagogue infernale,
Conseil de leur fureur, ressort de leur cabale,
Toy qui perds l'innocent par l'abus de la Loy,
Appren que tes Demons le vengeront sur toy :
Lors que tu le receus dessous ta tyrannie
Auec tant d'appareil & de ceremonie,
S'il eut pû se tromper que tu l'aurois déceu !
Que ne l'as-tu plûtost rejetté que receu :
Vois combien tu le rens diferent de lui-mesme
Quand tu couures d'horreur cette beauté supresme ;
Que par ta barbarie un cruel changement
Rend son départ contraire à son auenement.
Il entra plein de gloire, il sort plein d'infamie,
Il trouue en son hostesse une ingrate ennemie,
Qui changeant ses respects en un cruel orgueil
Finit par mille affronts un gracieux accueil ;
Vn grand peuple accourut à son abord celebre,
Vn plus grand sert d'opprobre à son départ funebre :
Pour cent amis qu'il eut, pour cent adorateurs,
Il a mille ennemis & mille accusateurs :

Tel qui l'auoit receu parmi des cris de ioye
Le chaſſant à la mort brutalement aboye ;
Tels auoient étendu leurs manteaux sous ses pas
Qui marchent sur son sang & ne le pleurent pas ;
Entre ces faux honneurs dont son ame eſt outrée
Force rameaux épars honoroient son entrée :
Peut-eſtre que du tronc de ces bois glorieux
Leur malice a formé sa Croix mesme à ses yeux.

Donc son triomphe eſtoit vn appas à sa perte,
Donc leurs reſpeᴄts n'eſtoient qu'vne haine couuerte :
Ses faux adorateurs, ses tyrans auiourd'hui,
Le faisoient triompher pour triompher de lui.
Qu'il voit de iuſtes pleurs en des femmes fidelles
Lors que sa charité pouſſe ces mots vers elles :
Femmes pleurez pour vous, pour vos fils malheureux
Qui versent le sang iuſte & sur vous & sur eux :
Vos fils dans leur ruine abismant voſtre Ville
Feront dire à leur mere, heureuse eſt la ſterile.
Vn iour le iuſte sang leur coûtera ſi cher
Qu'ils voudront voir les monts fondre pour les cacher.
Si Dieu pour le peché traitte ainſi l'innocence,
Qu'attendra le pecheur au iour de sa vengence ?

Chriſt croiroit peu souffrir sans leur perdition,
Il les preſſent perir, c'eſt là sa paſſion ;

A voir

A voir ces reprouuez sur qui son sang se verse,
En faire le poison de leur ame peruerse,
Fruſtré pour eux du fruit de son mortel effort,
Il eſt comme forcé de leur plaindre sa mort.
Il ne plaint pas son sang à quiconque en profite,
La moindre penitence a part à son merite.
Plus son sang nous repare vn débris vicieux,
Plus il verse à la terre vn don qui couſte aux Cieux.

  Ce prodigue enuers nous de ses biens, de soy-meſme,
Reduit par nos excés dans vne angoiſſe extrême,
Miſerable en faueur de ses chers malheureux,
Pour eux crie à son Pere & le flechit pour eux :
Quand ce clement prodigue obtient si toſt leur grace,
Sa grace eſt que sa mort sauue l'humaine race ;
Ce vray fils Redempteur des fils d'adoption
Eſt l'agneau qui s'immole à leur reception.

  Il s'immole & sa mort adjoûte à cette Hoſtie
De son peuple adopté la plus sainte partie,
Ce prodige de grace & de fidelité,
Celle dont l'Homme Dieu tient son humanité,
Cette parfaite image & source de luy-meſme,
Cette premiere éleue entre tous ceux qu'il aime :
Sa Mere & sa compagne au fort de son tourment
Pour s'immoler en elle & mourir doublement,

Ils souffrent l'vn pour l'autre & leur peine commune
Liure à tous leurs bourreaux deux victimes pour vne.

Marie apres Iesus en ce mortel chemin
Se jette pour le ioindre en leur cruelle main,
Ayant suiuy son fils à sa sanglante trace
Elle l'auise au poinct que sa Croix le terrasse;
Là pendant que sa cheute irrite leur courroux
Elle veut embrasser ce Fils entre leurs coups:
Son amour qui luy fait oublier sa foiblesse,
Sans crainte des bourreaux iusqu'à luy fend leur presse:
Elle approche ce Fils, ce cher Fils non plus sien,
Il la voit non plus sienne & vefue de son bien:
O douloureux abord d'vn fils & d'vne mere!
Dure étreinte de cœurs, vnion trop amere,
Se peut-elle icy plaindre? Elle a perdu la voix;
La peut-il consoler? Il est presque aux abois;
Que peuuent-ils? se voir & souffrir l'vn par l'autre:
Quel est leur sentiment? inconceuable au nostre.
Leurs esprits confondus en ce funeste abord
N'ont de plus doux penser que celuy de la mort:
Leur voix est déja morte, vne angoisse mortelle
Estouffe leurs soûpirs en leur sein qui pantelle.
Leurs visages couuerts d'vne sombre pâleur
Par leurs tristes regards s'inspirent leur douleur;

Le reste de leur vie & leur force abbatuë
S'anime à s'entre-voir , & c'est ce qui les tuë.
Leurs yeux percent leurs cœurs, helas! iamais tourment
Se communiqua-t'il plus reciproquement :
Leur deüil muet exprime à qui les considere,
Ie meurs en vous mon fils , ie meurs en vous ma mere.
      Quel œil icy , quel sens ne resteroit perclus,
De la mere ou du fils qui souffre icy le plus ?
Le fils souffre en sa mere aussi bien qu'en luy-mesme,
Sa passion est double & des deux parts extrême.
S'il souffre & compatit , Marie en fait autant ,
Et le voit tourmenté sans voir qu'il est constant.
Ainsi partageant plus ses maux que sa constance ,
Elle luy cede en force & l'imite en souffrance :
Son courage qui lutte en vain contre son deüil
Touchant la Croix d'un fils se brise à cet écueil.
Ce fils qui cause un deüil dont luy mesme s'accable
Ne peut voir sans fremir sa mere inconsolable :
Encore peut-il tourner l'œil de sa charité
De sa mere souffrante à l'homme racheté :
Mais l'homme qui la perd n'a rien qui la console ,
Ce n'est qu'un serf sauué pour son fils qu'on immole.
En luy tous ses plaisirs , tous ses biens souurains
L'homme ne luy parest qu'assassin de son fi

Elle ne prend sa mort qu'en titre de misere,
Depuis que son fils souffre elle n'est plus que mere.
    Que dis-ie? par ses maux son cœur s'est éleué,
La mere du Sauueur est mere du sauué ;
Aimant l'homme en Iesus, aimant Iesus en l'homme,
Dans la mort de ce fils sa vertu se consomme.
Oüy sa bonté regarde à trauers de son deüil
Dans son sang répandu nostre espoir de bon œil ;
Et consacrant son fils à nostre deliurance
L'imite en charité de mesme qu'en souffrance,
Son cœur d'autant plus saint qu'il est plus desolé
S'immole à qui son fils consent d'estre immolé.
Marie en cet estat suit Iesus au Caluere,
Mont n'aguere odieux qu'à present ie reuere,
Mont plus saint que ce mont où Dieu mesme autrefois
Se découuroit à l'homme & luy donnoit ses Loix ;
Mont dis-ie encor plus saint où Dieu pour nous se liure,
Glorieux d'vne mort dont il nous fait reuiure,
Mont le but de ses vœux, comble de ses trauaux,
Port de nostre salut & terme de nos maux.
    C'est là que par l'excés d'vne incroyable peine
Il perd ce qui luy reste & d'esprits & d'haleine.
Abbatu sous la Croix où son cœur palpitant
D[...] la mort & l'implore & l'attend ;

L'esprit qui iuge encor sa souffrance imparfaite
N'ose attendre sa mort quand son cœur la souhaite.
Pour flechir nostre Iuge il persiste à souffrir,
Et pour languir sans viure il veut long-temps mourir.
Ce n'est pas fait encor ô constance Diuine !
La fureur contre toy de plus en plus s'obstine ;
Elle ne peut te vaincre & ne peut se lasser,
Tes tourmens à son gré ne font que commencer.
Ils ont froissé ce corps sous ce poteau funeste,
Ils y vont attacher son miserable reste :
Entre ces deux tourmens ils luy font d'vn moment
Vn cruel interuale, vn horrible tourment.
La pourpre de mépris qui le couure de honte
Va combler ses douleurs d'vne qui les surmonte :
Ce manteau que son sang incorpore à sa chair,
Sans vn sanglant effort ne s'en peut détacher ;
Ils l'arrachent de force, effort qui reïtere
Les coups qu'il a soufferts de leur main sanguinaire :
Qu'attend plus le Soleil qu'il ne s'est retiré ?
Peut-il voir son Seigneur nud, sanglant, déchiré ?
O victime Diuine ! & digne d'estre offerte
A ce Dieu qui combat le vice à guerre ouuerte :
Victime trop conforme à cet horrible autel,
Dont le penser le mit dans vn effray mortel :

Sur ſes membres ſacrez châque bourreau s'exerce,
Celui-cy les diſloque & cet autre les perce :
Tout le mont retentit des effroyables coups
Qui dans ⱴn Diuin ſang cachent de rudes clous.
La Croix tremble des coups qu'vn Dieu ſouffre ſur elle,
Et tremblante reſiſte à leur main criminelle.
Châque bras, châque pied cloüe ſur ce poteau,
Du reſte de ce corps ſouffre ⱴn triſte fardeau.
Châque membre ſoûtient ⱴn poids qui le déchire,
Ie reſte court, Ieſus ſeul conçoit ſon martyre.
  O ⱴous! qui ſous la Croix d'ⱴn Hõme Dieu Martyr
Paſſez pour le connoiſtre ou pour luy compatir ;
Arreſtez, que ſa plainte à ſes pieds ⱴous retienne,
Voyez s'il eſt douleur comparable à la ſienne ?
Qui ⱴoudra l'imiter ne l'égalera point,
Il n'appartient qu'à luy de ſouffrir à ce point :
Par ſes tourmens, pecheur, iuge de tes offences,
Le courroux de ſon Pere éclate en ſes ſouffrances :
Regarde en ton Sauueur ſi triſtement changé
Si tu pouuois flechir ⱴn Dieu qui s'eſt ⱴengé.
O ⱴengeance ! qui ſouffre ⱴn effroyable échange,
Dieu ⱴengé ſur ſon Fils, Satan ſur luy s'en ⱴenge ?
Quoy ? n'a-t'il point encor comblé ſa paſſion,
Quoy ? n'a-t'il point laſſè la perſecution :

J Callot in

Non, la rage des Iuifs qui dût estre épuisée
Luy tire encor des traits de haine & de risée:
Leur voix déchire encor ce Dieu crucifié:
Te voila Roy des Iuifs qui t'es Deifié,
Qui détruis & refaits en trois iours tout le Temple,
Sauue toy si tu peux, mets ta force en exemple,
Toy qui sauues autruy sauue-toy de la Croix,
Descens Roy tout puissant, vien nous donner des loix.

Il sauueroit plûtost ce peuple qui l'offence,
Si l'impie aspiroit au fruit de sa souffrance;
L'aueuglement humain dont il est châtié
Au lieu de sa fureur n'émeut que sa pitié:
Il n'a que trop souffert, il soufriroit encore
Pour toucher pour gagner ses Tyrans qu'il déplore,
Quand parmi ses tourmens son immense bonté
Triomphe en son chef-d'œuure en l'homme racheté,
Cette mesme bonté déplorant qui l'outrage
Se desole auant lui de son proche naufrage.
Que peut-il pour les Iuifs qui l'ont mis aux abois,
Que ce penible efort de sa mourante voix?
Pardon Pere eternel pour cet aueugle crime,
Pardonne à ces errans la mort de ta victime.

Peut-il estre à la fois si iuste & si clement?
Quoy? d'vne bouche aride à force de tourment,

Et que le fiel des Iuifs abreuue d'amertume
Quand celle des tourmens l'enflâme & le consume.
Demander à son Pere à ce Dieu iuste & fort
Le pardon de sa mort pour le prix de sa mort,
Et sur leur ignorance excuser leur malice
Pour borner à sa mort la Diuine Iustice :
Non, malgré son souhait Iesus sera vengé,
Par le tourment du fils le pere est outragé.
L'amour du pere au fils l'engage à la vengeance,
La Iustice en ce poinct éconduit la clemence.
Que ce clement Sauueur soufre en ce sainct discord?
Voir en sa mort leur perte est le coup de sa mort.

　　Mais pour nous voir reuiure en sa peine mortelle
L'ofre de sa clemence à ses pieds nous appelle :
Il nous est donc permis de le considerer
Et de sa triste veuë apprendre à le pleurer.
Ozerons-nous donc voir de ces yeux si prophanes
Dont nos perfides cœurs font leurs malins organes,
Ce chef d'œuure des Cieux ainsi défiguré,
Ces membres trauersez, ce corps tout déchiré,
Ce beau chef tout percé, cette face meurtrie,
Et par tant de tourmens cette beauté flétrie?
Purifiez Seigneur & nos yeux & nos cœurs
A l'aspect de ce corps qui porte nos langueurs.

Qui

Qui l'auroit dit Seigneur & qui l'auroit pû croire
Que ce comble de maux le fût de vostre gloire,
Qu'vn Dieu ne prît icy pour Trône qu'vne Croix.
Quelle gloire ? quel Trône au Souuerain des Rois ?
Vous voulez qu'on vo⁹ pleure auãt que l'on vo⁹ craigne,
Souffrir, languir, mourir, c'est Iesus vostre regne.
O triste Roy des Iuifs ! & leur victime aussi,
Pour subjuguer nos cœurs faut-il regner ainsi ?
O Roy des Iuifs ! ce nom vous couste enfin la vie ;
Par qui d'eux ou de nous vous est-elle rauie ?
C'est par eux & par nous, mais pour nous non pour eux,
Que vostre amour choisit ce regne douloureux.
Estoit-ce là son but quand sa force inuincible
Pour faire l'homme Dieu surmonta l'impossible ;
Nâquistes-vous d'vn sein vierge éleu bien heureux
Pour mourir sur vn tronc honteux funeste affreux ;
Pour faire en vos douleurs patir son innocence,
Et luy vendre en mourant si cher vostre naissance :
Vous a t'elle enfanté dans vn rauissement
Pour vous voir expirer dans ce profond tourment ?
Fustes-vous adoré des puissances humaines
Pour auoir deux larrons compagnons de vos peines ?
Fuistes-vous auec trouble vn Tyran furieux
Pour vous liurer aux coups d'vn peuple injurieux ?

G

Fugitif euſtes-vous tant d'humaines victimes
Afin d'eſtre immolé par l'homme & pour ſes crimes;
Fuſtes-vous en bas âge vn Oracle aux Docteurs
Pour eſtre au plus bel âge vn joüet d'impoſteurs?
Voſtre main repeut-elle vne grande aſſemblée?
Formaſtes-vous les biens dont-elle fut comblée?
Fiſtes-vous d'eau le vin d'vn banquet ſolemnel
Pour brûler d'vne ſoif qu'on n'éteint que de fiel?
Vos pieds que voſtre amante arroſoit de ſes larmes,
Ces pieds ſur qui ſa bouche a trouué tant de charmes
Receurent-ils ſes pleurs, ſes baiſers amoureux,
Pour degouter du ſang de ce corps douloureux?
Rendites-vous au iour tant de corps priuez d'ame
Pour perdre cette gloire en vne mort infame?
Voſtre amour ſi fecond en celeſtes douceurs
Daigna-t'il attirer des banquiers deſpecheurs;
Pour voir la lâcheté le crime en vos Apoſtres,
Eſtre offenſé de deux & délaiſſé des autres?
Sceuſtes-vous tant guerir d'infirmes & d'errans
Pour voir voſtre ſouffrance endurcir vos Tyrans?
Bref Seigneur voſtre vie en miracles feconde
Vous fit-elle adorer ſur la terre & ſur l'onde,
Pour ne combattre icy noſtre endurciſſement
Que du miracle obſcur d'vn amour trop clement?

INRI
SPQ
12
J Callot in

Nous sommes les motifs de ce sanglant mystere,
Vous vouliez sauuer l'hôme en vengeant vostre Pere,
Et donner pour rançon d'vn peuple reuolté
Vostre sang, vostre vie & vostre humanité.
Mais vous estiez bleßé dans l'interest d'vn Pere,
Vous l'auez satisfait, qui vous peut satisfaire ?
Quel sang peut egaler celuy que vous versez,
Tout celuy des Martyrs vous rendra-il assez ?
L'homme est trop au dessous de la reconnoissance,
Qu'au moins nos repentirs payent vostre souffrance :
Prodiguant vostre sang n'épargnez point nos pleurs,
Frappez à nostre cœur, grauez y vos douleurs,
Imprimez à nostre ame vne horreur salutaire
Pour ce crucifié qui meurt vostre aduersaire,
Qui sur sa Croix combat l'honneur de vostre Croix,
Et mourant pres de vous vous tuë auec sa voix :
Quand cet autre Satan par blasphemes vous tente
Et vomit contre vous sa rage impenitente ;
Et si pres de la grace, indigne de l'auoir,
Ne finit ses forfaits que par vn desespoir ;
Quand s'ouurant par sa Croix l'infernal precipice
Il tombe de sa mort à l'eternel supplice ;
Au lieu que nous l'aidions à vous crucifier,
Que vostre amour nous porte à vous glorifier,

Faites-nous adorer ce sang qui nous conuie
A iouïr d'vn salut qui vous couste la vie,
Pour rappeller à vous vos tristes exilez ;
Bref pour mourir pour nous , puis que vous le voulez ,
Exaucez-nous au vœu qu'vn Larron nous enseigne,
Souuenez-vous Seigneur de nous en vostre regne ;
Faites nous suiure au Ciel ce Larron penitent
Que sa foy iustifie & couronne à l'instant.

    Il espere en Iesus , il demande , il impetre,
Dés qu'il aspire au Ciel il se l'entend promettre ,
Ce glorieux Larron absous de ses larcins
Achete d'vn souhait l'eternel bien des Saints.
Son Maistre le fera compagnon de sa gloire
Qu'il luy fait meriter par la grace d'y croire :
Mais ces prõpts vœux qu'vn Dieu ne sçauroit dédaigner
Luy font rauir le Ciel plûtost que le gagner ;
Oüy ses vœux que sa grace égale en promptitude
Font son dernier butin de la Beatitude.
C'est ainsi qu'vn Larron éleu pour sa ferueur
Triomphe dans sa mort par celle du Sauueur.
Qu'il fait bou l'implorer au temps de sa clemence ,
Sa grace auec son sang coule en mesme abondance.

    Si là grace est le prix d'vn subit repentir
Et d'vn Larron puny fait vn heureux Martyr ,

Quelle Couronne attend ce Disciple fidele
Qui deuant Dieu confond les autres de son zele ?
Qui dans leur lâcheté fait mieux briller sa foy
Témoigne son courage en leur plus grand effroy,
Et sectateur de Christ, compagnon de Marie,
Montre aux Iuifs que sa foy condamne leur furie :
Ses freres tous en fuite, il est seul arresté
Sous la Croix, seul appuy de sa fidelité.
Bref entre douze éleus par l'amour de son Maistre,
Iean est le seul éleu digne à present de l'estre,
Heureux d'estre à sa suite, heureux de meriter
Que son Maistre ait soûmis sa Mere à l'adopter ;
Femme voila ton fils, Amy voila ta mere :
Mais ce frere de Christ sera-t'il seul son frere ?
Le Seigneur des mortels qui pour eux se rend tel
Les veut faire adopter à son Pere immortel :
Son amour dans sa mort fait son peuple son frere
Lors qu'il se voit pour luy delaißé de son Pere,
Qui semble détourner son regard paternel
De ce Fils bien-aimé, comme d'vn criminel ;
Iusqu'à l'abandonner aux plus cruelles peines
Que le Ciel peut lancer sur les fautes humaines :
Delaißé de son Pere vn abandon si grand
L'empesche de nommer sa Mere en expirant ;

Femme voila ton fils, c'est ce qu'il luy peut dire,
S'il la nomme sa Mere elle pâme elle expire :
Plus ce nom leur fut doux, plus il leur est amer,
Pour épargner sa Mere il n'ose la nommer ;
Mais quel est le cruel qui ne la reconnoisse ?
On reconnoit Marie à sa mortelle angoisse.

O vous ! dont les sanglots appellent nos soûpirs,
Mere d'vn Christ mourant, Princesse des Martyrs ;
Si vostre cœur transi de son supplice horrible
N'a perclus tous vos sens par vn deüil trop sensible,
Quel est à son aspect vostre ressentiment ?
Certes s'il est tres-iuste il est tres vehement,
Ie voy dans vostre fils tout l'estat de vostre ame,
Il souffre plus qu'vn hôme & vous plus qu'vne fëme.
Ainsi par vous ses maux se manifestent mieux,
Iesus crucifié se depeint en vos yeux :
Vos yeux trop attachez aux cloux qui le trauersent
Semblent les attirer en vostre sein qu'ils percent,
Ses maux semblent en vous augmenter leur rigueur,
Tout ce qu'il souffre au corps s'assemble en vostre cœur.
Que la mort de Iesus vous vend cher sa naissance !
Que vos plaisirs passez vous coustent de souffrance !
Et qu'en perdant ce fils vostre commun tourment
Répond mal aux douceurs de vostre enfantement !

Voila donc ce beau corps dont la sainte structure
Fut l'œuure de l'Esprit qui regit la Nature,
Voila donc ce beau sang qu'il a receu de vous,
Ce beau corps, ce beau sang font horreur sous les coups.
Dans cet horrible estat voir vn fils adorable
C'est là ce qui nous rend vostre déüil conceuable ;
S'il faut des pleurs de sang à de telles douleurs
Tout son sang répandu change le vostre en pleurs :
Helas! que iustement vostre zele deteste
L'execrable sujet d'vn meurtre si funeste ;
Vous nous rendrez confus si vous nous reprochez
La mort de vostre fils puny de nos pechez :
Mais voyez que son sang est nostre seul dictame
Contre vn mortel poison qui naist auec nostre ame,
Et ne regardez point nostre heur d'vn œil jalous
Quànd Iesus semble icy nous preferer à vous :
Souffrez que pour son peuple il délaisse sa Mere,
Pour son peuple il se voit délaissé de son Pere :
Imitez ce cher fils qui dans sa Passion
Prefere à tous ses soins nostre redemption.
Sa mort ne met pas fin à sa peine cruelle
Si viuant en sa Mere il souffre encor en elle :
Calmez donc à ses yeux ce déplorable ennuy,
Laissez laissez mourir sa douleur auec luy :

Que la vostre auec luy cede à la Prouidence
Qui destinoit sa mort à nostre deliurance.
Ne pleurez plus sa mort , il ne vous est osté
Que pour se rendre à vous dans l'immortalité:
A trauers ses trauaux regardez sa victoire ,
Sa mort est nostre vie & deuiendra sa gloire.
Bien-tost vous benirez le iour qu'il a souffert ,
Sa perte honorera la mere qui le perd ,
Bien-tost vous lourez Dieu de l'auoir mis en proye
Aux tourmens dont naistra sa gloire & vostre joye.
Voyez-le sur la Croix dans le chemin des Cieux ,
C'est là qu'il doit bien-tost triompher à vos yeux :
C'est là que dépoüillé de l'humaine foiblesse ,
De cet abaissement qui l'opprime & vous blesse ,
Son corps tout reuestu de gloire & de splendeur
Ira de l'Empirée éclairer la grandeur.
C'est là qu'il veut qu'vn iour vostre corps participe
A la gloire du sien dont le vostre est principe.
Viuez dans cet espoir , prenez en pour garant
L'amour de ce cher fils qui vous plaint en mourant.
Qu'il meure consolé de voir vostre constance,
Sa mort vous doit bien tost guerir de sa souffrance.
   Voicy son heure enfin , sa derniere langueur
L'abandonne à la mort pour l'en rendre vainqueur.

Il

Il a vaincu la Iuifue & l'infernale haine,
Il a vaincu la force & la foiblesse humaine,
Il vient de vaincre icy la donleur en son fort,
Il ne luy reste plus que de vaincre la mort :
Mais que son cœur languit dans cette douce attente !
Que sa douleur est longue estant si violente !
Il ne veut que la mort pour son triste repos,
Comme nostre salut pour fruit de ses trauaux.

O mort de mon Sauueur ! acheue & le deliure,
Qu'il cesse de souffrir lors qu'il ne peut plus viure,
Son ame n'a plus rien qui l'arreste en son corps,
Leurs tourmens ont rompu leurs celestes accords :
Elle inuoque son Pere au point de sa sortie,
Et se resigne aux mains dont elle estoit partie.
Que Iesus meure enfin s'il ne peut plus souffrir,
Son corps tout épuisé ne peut plus que mourir.
Oüy son corps épuisé deuant sa patience
Ne sçauroit plus fournir matiere à la souffrance,
Ce corps qu'elle a détruit n'a plus rien d'animé,
Il n'a plus qu'à mourir si tout est consommé,
Sa voix a par ce mot consommé ses oracles :
Là sa vie & sa mort consomment leurs miracles :
Ce qu'a fait son amour sa voix l'a confirmé,
Iesus n'a qu'à mourir quand tout est consommé.

H

Sa peine est consommée, il a fait sa carriere,
Sa mort obtient pour nous l'effet de sa priere.
Voila son peuple absous, son Pere satisfait,
L'Escriture accomplie & l'ouurage parfait.
Iesus meurt & pour nous, sa mort nous est donnée,
Salutaire, funeste, ineffable iournée!
Que l'Astre qui voit tout fasse vn cours immortel
Il ne verra iamais rien d'égal rien de tel.

   Ce Mystere aux Demons est incomprehensible,
Vn Dieu mourir pour l'homme, hé! qui l'eut crû possible?
Que ce fleau du peché que la mort attentât
Au Fils de Dieu viuant pour l'hõme & l'hõme ingrat.
A quel point le peché rend la mort absoluë,
Qu'elle s'est de luy mesme auiourd'huy preualuë
Contre la plus sublime & sainte humanité,
Pour la détruire au sein de la Diuinité.
Et pour défigurer le plus parfait ouurage
En qui Dieu fit iamais éclater son image,
Il s'estoit reuestu de nostre infirmité
Pour répandre sur nous son immortalité.
Inconceuable amour qui produit ces échanges
Redoutez des Demons & reuerez des Anges.

   Enfin Iesus est mort & cent tourmens diuers
Ont banny son esprit de ses vaisseaux ouuerts,

Sa face qui s'incline oste au Ciel sa lumiere,
Il aueugle le monde en fermant sa paupiere,
Iesus est mort, sa mort se manifeste assez
Par le dereglement des Astres éclipsez;
Iesus vient d'expirer, la lumiere expirée
En fait monter le deüil iusques dans l'Empirée.
Iesus n'est plus, ô coup! ô coup prodigieux
Dont la Terre s'emeut, dont s'étonnent les Cieux :
Grand Dieu, vaste Vniuers, Createur, Creature,
Comment porterez-vous vne telle auanture?
Grãd Dieu c'est voltre Fils, c'est ton Maistre Vniuers,
C'est Iesus qu'on voit mort de cent tourmens diuers;
Il est mort ce Iesus, que deuient la Nature?
Garde-t'elle pour l'homme vne retraite seure?
Helas! en quelque part que nous tournions les yeux
Tout ce monde aueuglé reserue-t'il des lieux
Vers le Ciel ébranlê, vers la Terre tremblante
Où la mort de Iesus ne porte l'épouuante?
En quoy se resoudra l'affreux étonnement
Qui surprend la Nature à cet euenement?
Elle fremit d'horreur de suruiure à son Maistre,
Apres l'auoir veu mort elle n'oze paroistre:
Le Ciel s'abisme en deüil & la clarté le fuit,
L'astre du iour n'est plus qu'vn astre de la nuit,

H ij

Et nous darde en Comete vne lueur impure
Qui ne fait qu'éclairer les maux de la Nature :
Tout ce qui luit fait peur & la Lune n'est plus
Qu'vn globe ensanglanté du meurtre de Iesus.
Vertu d'vn Iesus mort que tu te manifestes
Par cet horrible éclat de prodiges funestes !
Ces vastes corps du monde en sont tous en discord,
Iesus mort est par tout, tout dépeint Iesus mort :
Son meurtre émeut déja le Ciel contre la Terre,
Il en gronde contr'elle auecque son tonnerre,
Et chaque Astre enflambé semble vn feu menaçant
Pour venger vne mort dont le Ciel se ressent,
Il fait trembler la Terre à sa iuste menace
Et veut par sa secousse en dissoudre la masse,
Des cris, des hurlemens inconnus mais affreux
Perçant l'air offusqué d'vn brouïllard tenebreux,
Répondent au long bruit du frisson de la Terre
Qui rend les ròcs massifs plus fragiles que verre,
Son centre ouuert sous nous cherche à nous engloutir
Pour rauir aux pecheurs le temps du repentir,
Et sous Ierusalem découurant ses abismes
L'Enfer fait pour les Iuifs des souhaits legitimes.
　　O quelle est cette mort dont l'Enfer a fremy ?
　　Quel est ce mort terrible à son pire ennemy ?

Quelque effort monstrueux qui l'exalte ou le venge
Nul prodige en sa mort ne doit sembler étrange.
Si d'un aueugle effroy l'Vniuers est troublé,
Si le iour s'est éteint, si la terre a tremblé,
Si l'air dont certains cris percent la nuë obscure
Porte aux cœurs les plus durs l'effroy de la Nature,
Si par tout l'Vniuers regne un confus transport
N'y trouuons rien d'étrange hommes, Iesus est mort.
Que ce trouble s'accroisse & que tout se confonde,
Qu'il renaisse un chaos par le débris du monde,
Que l'Enfer couure tout de son gouffre beant,
Ou que Dieu l'abandonne à son premier neant,
Et que vengeant son Fils sur son plus bel Empire
Il lance sur les Cieux les restes de son ire,
Qu'elle n'épargne rien dans son Diuin effort,
Qu'auiendra-t'il d'étrange au prix d'un Iesus mort?
Ces châtimens du monde, effroy, troubles, tenebres,
Tout ce qu'il a d'objets hydeux, tristes, funebres,
Peuuent-ils tous vnis en leur affreux accord
Auec assez d'horreur publier Iesus mort?
Nature que tu perds! qu'à bon droict tu trauailles
A combler de ton deüil ses tristes funerailles!
  Sa gloire apres son sang va s'épandre en tout lieu,
Mourant il paroist homme, & mort il paroist Dieu;

Ce mort est Dieu, qui l'oze accuser d'imposture
Qu'il démente l'adueu de toute la Nature ;
S'il n'est bien-tost confus du fidele rapport
Des morts qui renaistront du sang de Iesus mort.
Toy qui voulois iuger de luy par ses prodiges,
Vois en dans son trespas plus que tu n'en exiges :
Fol aueugle aux bienfaits d'vn Dieu persecuté
Ne le connoistras-tu qu'à sa seuerité ?
Vous qui perdez le Iuste enfin veüillez luy croire,
Rendez par vos remords iustice à sa memoire,
Payez au moins sa mort d'vn iuste repentir,
Aimez-vous mieux errer que de vous conuertir ?
Abominable Ville, esclaue d'iniustices,
Il est temps ou iamais que tu te conuertisses.
Tes fils bien-tost vaincus par des ressuscitez
Maudiront leurs erreurs & tes iniquitez.
Leur remors publira la gloire du Messie,
Est-ce assez de sa mort pour ta haine endurcie
Ton crime est consomme, ce Iuste a tout souffert,
Borne au moins à sa mort ta haine qui te perd ;
Quand tu combats encor ce mort dont l'esprit t'aime
Ton obstination ne perd plus que toy mesme ;
Sa mort t'oste l'espoir de le persecuter,
Tout ce qui l'affligeoit ne peut que l'irriter ;

Iesus mort ne peut plus que punir ou qu'absoudre,
Son corps contient le Dieu de la grace & du foudre:
Ne l'irrites donc plus toy qui l'as fait souffrir,
Et reçoy le pardon que son sang vien t'offrir :
  Si sa bonté te rend son meurtre pardonnable,
Le refus du pardon te rend plus condamnable ;
Tu luy fais plus d'outrage & te fais plus de tort
A perdre son pardon qu'à luy donner la mort.
Quelle grace à ton crime? un remors t'en acquite,
Tu peux causant sa mort iouïr de son merite.
Voy les fruits de sa mort qui deliure les morts,
Des Limbes les esprits & des tombeaux les corps,
Déja son corps en Croix, son esprit sous la terre,
Dégagent par sa mort les Iustes qu'elle enserre,
Ouure ton cœur ingrate & dessille tes yeux
Aux vertus de ce sang qui nous ouure les Cieux.
Les merueilles de Christ t'ont passé pour friuoles,
Tu ne crûs à ses faits non plus qu'à ses paroles,
Pery si tu ne crois aux œuures de son sang,
Et de ce dernier flot dont s'épuise son flanc.
Tel méprisoit son sang qui le sent en son ame,
Tel qui le detestoit maintenant le reclame,
Et cet aueugle Iuif qui tâche d'épancher
Le reste de ce sang qui luy sera si cher

Est éclairé d'vn trait que sa vertu luy lance
Lors qu'il pousse en son flanc sa haine auec sa lance.
Quel miracle ranime vn sang qui ne vit plus
Pour ranimer cet œil & cet esprit perclus ?
Quelle est cette bonté qui paye ainsi la haine
Et donne au criminel la guerison pour peine ?
Ce sang tout mort qu'il est reste encor si puissant
Que sa moindre partie est vn rayon perçant,
Qui par l'œil de Longis luy passe iusqu'à l'ame
Et conuertit sa rage en vne sainte flâme.

Est-il esprit aueugle, est-il cœur endurcy
Qui ne se désillât, qui ne fléchit icy ?
Quiconque n'est stupide à l'éclat d'vn miracle
Qu'il assiste de l'ame à ce Diuin spectacle,
Qu'il adore en ce mort la celeste faueur
Qui doit faire vn Martyr d'vn bourreau du Sauueur.
On frappe Iesus mort & mort il fait des graces :
Qu'apres luy sa bonté laisse de douces traces !
Que ne doit esperer l'humaine pieté
D'vne playe où le crime a trouué la clarté,
Ses maux son sang sa mort meritant sans limites
Ont iusques sur sa Croix répandu leurs merites.

Quel est vostre merite ô Croix ! Croix de Iesus,
Croix par qui les Demons sous luy tremblent vaincus,
Croix

Croix sur qui sa constance éleue sa victoire,
Croix dont l'ignominie est l'entrée à sa gloire,
Croix sur qui son amour fait son dernier effort,
Croix qu'il portoit viuant & qui le portes mort,
Croix Trône douloureux d'vne amour vehemente
Qui tend ses bras sanglans à qui les ensanglante.
O Croix ! sur qui le Verbe & le Fils Eternel
Daigna se rabaisser du Trône paternel ;
Croix qu'il rend comparable à son Trône celeste,
D'où son immense gloire au Ciel se manifeste,
Croix du Roy des Martyrs, Tabernacle éminent
Où le tresor du Ciel repose maintenant,
Qui portes dans ce corps que la mort défigure,
Dans ce reste de Christ le Dieu de la Nature,
Que vous aurez de gloire & que l'Enfer confus
Vous sent deja peser sous le corps de Iesus !
Que de gloire vous naist de ce corps adorable
Dont l'vnion vous rend d'infame venerable,
Apres que mon Sauueur a daigné vous toucher
Quel pecheur pretendra l'heur de vous approcher ?
Mais si c'est le peché qui vous a donné l'estre
Souffrez que le pecheur adore en vous son Maistre,
Laissez-nous à ses pieds, il est mort en vos bras,
Il appelle nos cœurs, ne les rejettez pas ;

I

Prestez vostre ombre à l'homme, à l'homme qui s'écrie,
Arbre honoré du fruit qui fut l'heur de Marie,
Arbre qui reparez ce que l'homme a perdu
Par le funeste fruit de l'arbre defendu ;
Comme il dût faire horreur vous deuez faire enuie,
Son fruit fut nostre mort, le vostre est nostre vie ;
Par cet arbre vn serpent nous souffla son venin,
Par vous l'agneau nous offre vn remede benin ;
Arbre aussi bien-faisant que l'autre estoit funeste,
Vous détruisez la mort par vostre fruit celeste ;
Arbre où doiuent germer les plus saints repentirs
Dieu veut sur vous enter les palmes des Martyrs :
Vostre ombre qui met l'homme à l'abry du tonnerre
Banit de luy Satan au centre de la terre,
Et la Chrestienne ardeur vous ayant pour soûtien
Fera fremir l'Enfer au seul nom de Chrestien,
Vostre signe effrayra des Tyrans inuisibles,
Vostre image abbatra des forces inuincibles ;
Oüy vostre image empreinte aux plus beaux estendars
Vn iour subjuguera ces rebelles rempars,
Et la voix du Chrestien armé de vostre image
Mettra sous vostre joug le cœur le plus sauuage ;
Vostre image éclatant à cent peuples errans
Rendra de saints captifs vainqueurs de leurs Tyrans ;

Bref la moindre victoire où vostre honneur se fonde
Sera l'abaissement des puissances du monde :
En vous git tout l'honneur d'vn mort victorieux,
Par vous l'Enfer trēblant rendra la Terre aux Cieux,
Par vous triomphera l'Eglise militante
Ayant vaincu ses maux dans cette douce attente,
Par vous-mesme la foy nous fraye vn seur chemin
Au Ciel d'où mon Sauueur nous veut tendre la main;
Vous par qui Dieu triomphe & par qui l'homme espere,
Vous que l'Enfer redoute & que le Ciel reuere,
Croix sur qui l'Empirée incline sa hauteur
Ayez tout l'Vniuers pour vostre adorateur ;
Qu'on vous adore en Terre afin qu'on puisse encore
Celebrer vos honneurs au Ciel qui vous honore,
Et que nos chans meslez aux Angeliques voix
Comblent l'honneur de Christ par celuy de sa Croix.

F I N.

Extrait du Priuilege du Roy.

PAR Grace & Priuilege du Roy donné à Paris le 12. Aouſt 1651. Il eſt permis à Charles de Sercy Marchand Libraire, de faire imprimer, vendre & diſtribuer vn Poëme intitulé, *IESVS MOVRANT, de P. L. Bigres:* Auec defenſes à tous Imprimeurs & Libraires de l'imprimer durant le temps de cinq ans, à peine de mil liures d'amende, confiſcation des Exemplaires, & de tous deſpens, dommages & intereſts.

Acheué d'imprimer le 6. Mars 1652.

Les Exemplaires ont eſté fournis.

9 782329 734156